FERDINAND-FRANÇOIS-AUGUSTE DONNET est né à Bourg-Argental (Loire), en 1795, d'un honorable médecin de la localité et d'une mère chrétienne qui éleva ses premiers pas dans les principes d'une religion alors persécutée et dont il y avait quelque mérite à suivre les préceptes.

Mgr d'Aviau, un des prédécesseurs de l'illustre Cardinal sur le siège métropolitain de Bordeaux, passait alors fugitif sur le territoire habité par la veuve mère du futur pontife; il bénit cet enfant, et cette bénédiction d'un saint porta bonheur au jeune Donnet.

Il fit ses études au petit Séminaire de Villefranche et sa théologie au grand Séminaire de Lyon, dirigé par les Sulpiciens.

Trop jeune pour être ordonné prêtre, au terme de cette dernière préparation il fut employé comme professeur au petit Séminaire d'Orgelet en Franche-Comté, et élevé au sacerdoce en 1818.

Il entra peu après dans une société de missionnaires qui s'était formée à Tours, sous le vocable de saint Martin, et passa plusieurs années à évangéliser les provinces centrales de la France : Blois, Orléans, Loches, Amboise, la Gironde elle-même dont il devait être l'archevêque plus tard, entendirent son éloquente parole. Il vint à Libourne donner une mission, ne se doutant guère alors des magnifiques destinées qui l'attendaient dans ce diocèse et dans l'Église.

En 1826, il devenait curé de Villefranche, une des cités importantes du Lyonnais, et il sut bientôt, par son affabilité, la douceur de ses manières, ses vertus et sa tolérance évangélique, s'y concilier tous les cœurs.

Dans une inondation mémorable, il porta lui-même les vieillards qui ne pouvaient fuir de leurs demeures; aussi tant de vertus et de dévouement demandaient-ils une haute récompense.

En 1835, Louis-Philippe nommait l'abbé Donnet évêque de Rose, et coadjuteur de Nancy, dont l'évêque, Mgr de Forbin-Jeanson, était éloigné par suite de circonstances politiques. Mgr Donnet ne resta que deux ans dans ce poste : mais il fit bénir son administration, et réalisa des améliorations importantes.

En 1836, une ordonnance royale le nommait à l'archevêché de Bordeaux, vacant par la mort d'un saint dont la mémoire restera toujours chère aux Bordelais, le Cardinal de Cheverus.

Nul mieux que Mgr Donnet ne pouvait sécher les larmes causées par cette grande perte.

Installé en 1837, le nouvel archevêque a déjà trente ans passés d'exercice de ses hautes fonctions dans la grande ville du Midi, et trente-deux ans d'épiscopat en tout.

Ces trente années ont été fécondes; il a doublé le chiffre de son clergé, construit plus de quatre cents églises, fait entendre aux Bordelais d'éloquents orateurs de la tribune sacrée, entre autres le P. Lacordaire, établi des centaines de maisons religieuses d'hommes et de femmes. D'une activité dévorante et tout épiscopale, il a déjà parcouru plus de dix fois en tous sens et dans les moindres hameaux son immense diocèse.

Des dignités encore plus élevées devaient venir chercher des services aussi éclatants rendus à l'Église : en 1852, le Pape Pie IX l'élevait au cardinalat; le Sénat lui était ouvert la même année. Il est grand officier de la Légion d'Honneur depuis 1866 et grand-croix de Charles III; déjà sous Grégoire XVI il avait été fait comte romain et assistant au trône pontifical.

Au Sénat, il a pris part à toutes les importantes discussions et en particulier à celle qui avait pour objet la question romaine.

Ses mandements sont une œuvre écrite avec un très-grand soin, avec un style on ne peut plus élevé.

CARDINAL DONNET

LES HOMMES DU XIXe SIÈCLE

Bordeaux. Impr. gén. d'Émile Crugy.　　　　Blé s. g. d. g.